LETTRE

DE M. MATHIAS,

curé d'Eglise-Neuve,

Député à l'Assemblée nationale,

SERVANT de réponse à la dénonciation faite le 2 août,

Par M. J. F. GAULTIER,

autre député d'Auvergne.

Ex verbis tuis condemnaberis.
S. Matth. chap. 12, v. 37.

LETTRE

A M. J. F. Gaultier, député à l'assemblée nationale, au sujet d'une dénonciation faite le 2 Août, contre A. Mathias, curé d'Eglise-Neuve, député à l'assemblée nationale.

Monsieur,

Vous m'avez calomnié auprès de l'assemblée nationale dans un de ces accès de frénésie aveugle que vous prenez apparemment pour du pur patriotisme.

Vous m'avez dénoncé, moi votre compatriote & votre collegue, comme coupable ou complice d'un projet, formé selon vous, de transporter une grande partie des habitans de la France fur les rives du *Scioto*. Bien plus, la perfidie envers les particuliers fe joint en moi au crime de lèfe-nation ; & je garde l'argent dont ils ont payés de vaines efpérances, cruellement déçues. Tel eft le double délit que vous m'avez impofé le 2 août *au foir*. A cette occafion, vous avez demandé un tribunal auquel vous puifliez me traduire. Les folliculaires, échos affidus de la calomnie, & fouvent (vous le favez) à fes gages, ont répétés & m'ont appris la vôtre ; car, foit prudence de votre part, foit par effet du hafard, j'étois abfent de l'affemblée, lorfque toute efpèce de vraifemblance, je dirai plus, contre vôtre propre confcience, vous m'avez imputé ces horreurs.

Le démenti que je n'ai pu vous donner fur l'heure même, & pour lequel je n'ai pas cru devoir interrompre enfuite les importantes occupations de l'affemblée nationale, je vous le donne aujourd'hui de la maniere la plus formelle (1).

______

(1) *C'eft au tribunal de la nation, monfieur,*

Quelque jugement que l'on porte *sur la compagnie du Scioto*, je suis entiérement étranger à ses intérêts, à ses projets, à ses spéculations ; je ne l'ai connue que par le *prospectus* qu'elle fit distribuer il y a quelques mois, sous une autorisation imposante. Les avantages qu'il présentoit firent impression sur quelques jeunes gens de ma province, de notre patrie, & sur leurs parens qui m'engagerent à leur rendre à cette occasion les services qui dépendroient de moi. Je crus ne devoir pas leur refuser. Cette démarche me parut d'autant plus innocente que j'appris que votre patriotisme ombrageux n'en étoit point allarmé. Vous garderiez alors la chose en calculateur qui connoît *les droits de l'homme* ; et bien sûr que la constitution ne met point d'obstacle à l'émigration volontaire d'un citoyen, que des espérances trop souvent illusoires arrachent à son pays natal, vous n'attendiez, pour faire partir un de vos neveux ou parens, que le moment où la spéculation sur *Scioto* auroit acquis un degré de consistance qu'elle n'avoit point encore.

---

que je vous accuse de calomniateur : c'est sur-tout à celui de nos concitoyens, où nous sommes connus, vous & moi : tôt ou tard ils nous jugeront.

A 3

Mes jeunes gens plus vifs, plus preffés de jouir, & dont une plus longue attente eût altéré trop fenfiblement les foibles moyens, voulurent tenter l'aventure : ils partirent. Mais l'amour de la patrie, la crainte des événemens, la fatigue du voyage, & les relations peu avantageufes que leur firent quelques particuliers au Havre, les ramenerent. Je fus encore chargé par leur famille de demander la réfiliation de l'acte qu'ils avoient fait, en partant, avec la compagnie *du Scioto* ; & cette compagnie, (je dois cet hommage à la juftice & à la force de la vérité,) fe conduifit avec toute la prudence & le défintéreffement poffibles : elle réfilia l'acte & remit aux intéreffés l'argent qu'elle en avoit reçue.

Tels font les faits, monfieur, ce n'eft pas pour vous qui les connoiffez, au moins en partie, & qui au refte pouvez fi aifement vous en inftruire, mais c'eft pour nos compatriotes & nos collegues que je les rappelle. Les pieces ci-jointes en fourniroient la preuve complette fi mon caractere connu de mes compatriotes, & l'abfurdité même de l'inculpation pouvoient permettre à cet égard le moindre doute.

J'ai attendu jufqu'à ce moment une retractation formelle de votre part ; & je ne doutois pas que revenu à vous-même, vous ne vous empreſſaſſiez de reparer autant qu'il étoit en vous, l'injure publique que vous m'avez faite; mais voyant que depuis près d'un mois la calomnie circule, & que votre conſcience ſe tait, je me ſuis dis : il eſt bon que l'on ſache, qu'ils ne ſont pas tous relegués ſur les trotoirs, ces aboyeurs forcénés qui allarment journellement la tranquillité publique par de vaines & abſurdes terreurs : il eſt bon que l'on ſache qu'au ſein même de l'aſſemblée nationale, il peut ſe trouver de ces jurés-crieurs de profeſſion, qui, ſans reſpect pour la vérité, pour leurs collegues, & pour eux-mêmes, ne ceſſent de fatiguer les repréſentans de la nation par le recit de *ces grands complots*, de *ces grands événemens*, de *ces grandes trahiſons*, de *ces grands délits*, de *ces grands crimes de lèse-nation*, qui n'exiſtent, pour la plupart, que dans leur cerveaux troublés, lorſque le cœur eſt pur & innocent, comme j'aime à croire qu'eſt le vôtre.

J'ai l'honneur d'être,

Monſieur,

Votre très-humble & très-obéiſſant ſerviteur, A. MATHIAS, curé d'Egliſe-Neuve, député à l'aſſemblée nationale.

Paris, cloître Saint-Honoré, ce 23 août 1790.

A 4

*Copie de la letttre écrite à M. MATHIAS,
curé d'Eglise-Neuve, député.*

MONSIEUR,

Nous avons vu avec indignation dans quelques papiers publics, les traces odieuses d'une calomnie que M. Gaultier, (ci-devant foi-difant de Biozat,) a fait retentir contre vous dans l'affemblée nationale, à la féance du foir, du 2 de ce mois, & dont nous avons été, fans le vouloir, la malheureufe occafion.

Comment fe fait-il, que ne nous ayant jamais excités, ni engagés à paffer au *fcioto*, que ne nous ayant jamais demandé d'argent, n'en ayant jamais reçu de nous, & ne nous ayant rendus à nous & à nos parens que de bons offices auxquels nous donnions beaucoup de prix, & que votre bienveillance généralement connue de tous vos compatriotes nous mettoit dans le cas de reclamer, vous ayez pu être accusé par un de vos collegues de machinations tendantes à dépeupler la France & d'infidelité envers vous.

Soyez persuadé, monsieur, que nous n'avons jamais donné à M. Gaultier , le plus leger prétexte par nos discours , ou autrement , de bâtir une inculpation aussi monstrueuse. Il faut qu'il ait tout tiré de ses propres fonds. Ses fréquentes & infructueuses dénonciations prouvent assez qu'il est inépuisable.

Heureusement, monsieur, vous êtes connu , & les faits sont trop clairs pour qu'il puisse rester sur cet objet le moindre nuage. Permettez que nous y joignons notre dénégation formelle dont nous vous prions de faire usage, & que nous sommes prêts à soutenir dans tous les tribunaux.

Nous sommes avec un respect égal à notre reconnoissance ,

Monsieur,

Vos très-humbles.

MALO aîné, MALO cadet, QUEUILLE.

Paris, le 10 août 1790.

Copie de la lettre écrite à M. MATHIAS, curé & député.

MONSIEUR,

A la lecture d'un article de la gazette universelle, nous avons compris avec douleur que nous étions cause que l'on vous calomnioit. Notre attachement & notre reconnoissance doivent être plutôt le prix du plus grand service que nous avons cru que l'on pût nous rendre en contractant pour nous avec ces MM. de la compagnie de Scioto, que la calomnie, animés de ces sentiments, monsieur, nous vous envoyons l'arme que nous avons cru la plus sûre pour la repousser ; nous vous prions d'en faire l'usage qu'il convient. Notre satisfaction en dépend autant que la vôtre.

Nous avons l'honneur d'être avec considération.

Monsieur,

Vos très-respectueux & très-humbles serviteurs,

B A Y L E, M A R T I N.

Issoire, le 13 août 1790.

Copie d'une déclaration reçue par deux notaires.

Pardevant les notaires royaux de la ville d'Issoire, soussignés, ont comparus M. Antoine Bayle, fils à Joachim, marchand ; Jean-Martin, fils à Pierre, aubergiste, & Jean Generts, fils à autre Jean, laboureur, tous habitans de cette ville, qui ont dit qu'ils viennent de lire ou d'entendre lire, avec autant d'indignation que de surprise, dans les papiers nouvelles, en exprès dans le journal des débats & décrets de l'assemblée nationale, & plus particulierement dans une gazette intitulée : *Gazette Universelle*, que dans la séance du soir, lundi, deux août, il a été dénoncé un complot de faire émigrer un grand nombre de Français, pour les transférer sur les rives du Scioto, & cette dénonciation appuyée par M. Gaultier de Biozat, l'honorable membre a assuré l'assemblée nationale « que le dessein de dé-
» peupler le royaume, étoit réellement formé ;
» qu'un sieur Mathias s'étoit fait remettre
» une somme considérable par trois jeunes
» gens, pour les faire conduire au Scioto,
» où il leur promettoit d'immenses avantages ;
» qu'arrivés au lieu de l'embarquement, &
» ayant reconnu leur illusion, ces jeunes gens
» étoient revenus à Paris réclamer leur argent,
» qu'on a refusé de leur rendre. »

Les comparans juftement indignés que des âmes affez fcélérates aient pu trouver le moyen d'égarer le zele d'un repréfentant à l'affemblée nationale, pour le porter à une délation auffi coupable, qu'elles n'ont imaginé que pour jetter de la défaveur, & prévenir contre les fentimens du refpectable perfonnage qui a été auffi traîtreufement inculpé ; les comparans croient devoir à leur confcience, à la vérité & à la reconnoiffance pour toutes les bontés & les témoignages d'affection qu'ils ont reçu de leur compatriote, de démentir une accufation qui n'a pu être propofée à l'honorable membre qui l'a fait, que par un cœur gâté par l'habitude de la calomnie.

Dans cette circonftance, les comparans déclarent qu'il eft faux que jamais M. Mathias, membre de l'affemblée nationale, ni aucun autre, les ait follicité au parti qu'ils avoient pris de fe rendre au Scioto. Séduits par les avantages que la voie publique attachoit à ces nouveaux établiffemens, ils s'étoient, d'eux-mêmes, portés à cette réfolution ; & après l'avoir fait approuver par leur famille, ils n'avoient interpofé M. Mathias que pour les arrangemens relatifs à leur paffage, & aux conceffions qu'ils avoient demandés. Les lettres écrites foit par eux ou par M. Mathias, à leurs parens, qui font encore en même de les produire, feroient des preuves non douteufes contre cette trop perfide accufation.

Il eft également faux que les fonds qui avoient été faits, aient été retenus, & qu'on ait refufé de les rendre : il y a plus de trois mois que les actes font réfiliés.

Si M. de Biozat, qui a été trompé par cette dénonciation, moins occupé d'objets plus importans, avoit pu fe rappeller de la vifite que lui fit le fieur Bayle, un des comparans, à fon retour à Paris, il eût repouffé, avec indignation, l'atroce calomnie qui attaquoit un de fes collegues.

Il fe feroit rappellé que, lorfqu'il témoigna au déclarant fa furprife fur fon retour, & lui en demandant la caufe, le déclarant lui répondit que, rebutés par la longueur du trajet, effrayés des peines & des rifques que la multitude leur annonçoit dans ce paffage, doutant du fuccès qu'ils s'étoient promis, lui & fes affociés avoient préféré de retourner au fein de leur famille, à courir des hafards qui auroient compromis leur tranquillité & leur bonheur. *L'honorable membre répondit alors qu'ils avoient été un peu trop vîte dans cette ré-*

folution ; qu'il avoit lui-même eu l'intention de faire partir un de fes parens , mais qu'il avoit cru qu'il étoit prudent d'attendre que les fuccès de cette entreprife fuffent juftifiés.

Sur la demande que fit encore l'honorable membre au déclarant, s'il avoit été rembourfé de fon argent ; le déclarant lui répondit que le traité n'ayant été fait qu'au nom de fes parens, la compagnie avoit refufé de le rendre, jufqu'à ce qu'elle eût une procuration expreffe de leur part, que M. Mathias, qui avoit négocié pour eux, étant alors en province, il feroit vraifemblablement porteur des procurations, & qu'ils feroient rembourfés à fon retour.

Tous ces faits, dont l'honorable membre n'aura peut-être pas perdu le fouvenir, rappellés à fa mémoire, le convaincront qu'il a été trompé dans une dénonciation follicitée par des fentimens de vengeance perfonnelle, & qu'il s'empreffera de retirer, en rendant à fon collegue la juftice qu'il doit à fes vertus & à fon patriotifme.

Defquelles déclarations les comparans ont requis acte que nous leur avons octroyé pour valoir & fervir ce que de droit. Fait à Iffoire, étude de Clément, un des notaires fouffignés,

avec lefdits fieurs Bayle & Martin ; Generts
a déclaré ne favoir figner, de ce enquis, l'an
mil fept cent quatre-vingt-dix, & le 10 août
après midi. A la minute, ont fignés, Bayle,
Martin, Clément & Cothon, notaires royaux.
Contrôlé à Iffoire, le 11 août 1790 , par
Dalbignate, qui a reçu quarante-cinq fols.

Expédié aux comparans qui l'ont requis.

Signé, CLÉMENT, notaire royal.

De l'Imprimerie de VEZARD & LE NORMANT,
rue des Prêtres Saint Germain-l'Auxerrois. 1790.